Impressum
Verlag: BABADADA GmbH, Nedderfeld 112 , 22529 Hamburg
Geschäftsführer / Verlagsleitung: Harald Hof
Druck: Books on Demand GmbH, In de Tarpen 42, 22848 Norderstedt

Imprint
Publisher: BABADADA GmbH, Nedderfeld 112 , 22529 Hamburg, Germany
Managing Director / Publishing direction: Harald Hof
Print: Books on Demand GmbH, In de Tarpen 42, 22848 Norderstedt

school
សាលារៀន

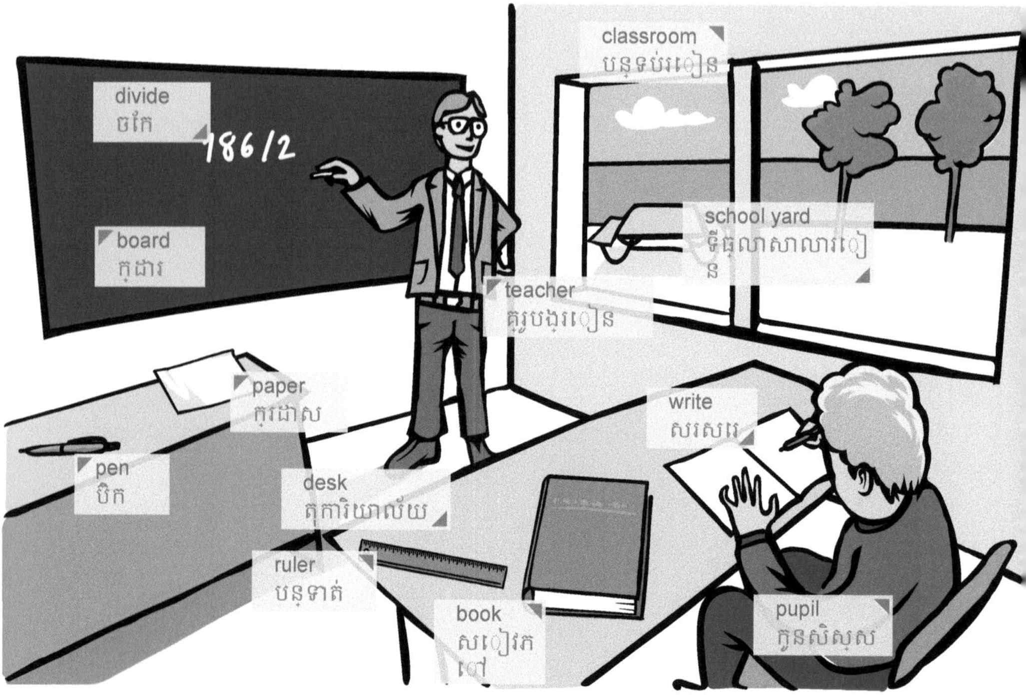

classroom
បន្ទប់រៀន
divide
ចែក
186/2
board
ក្ដារ
school yard
ទីធ្លាសាលារៀន
teacher
គ្រូបង្រៀន
paper
ក្រដាស
write
សរសេរ
pen
ប៊ិក
desk
តុការិយាល័យ
ruler
បន្ទាត់
book
សៀវភៅ
pupil
កូនសិស្ស

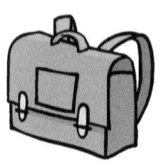

satchel
សម្ពៀតស្បែក

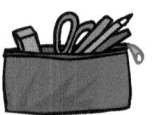

pencil case
ប្រអប់ដាក់ខ្មៅដៃ

pencil
ខ្មៅដៃ

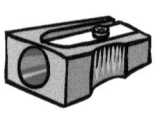

pencil sharpener
ប្រដាប់ខួងខ្មៅដៃ

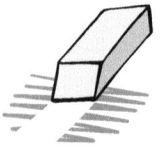

rubber
ជ័រលុប

drawing pad
ផ្ទាំងគំនូរ

drawing

គំនូរ

paintbrush

ជក់គូរ

paint box

ប្រអប់ថ្នាំលាប

scissors

កន្ត្រៃ

glue

ការបិទ

exercise book

សៀវភៅពេលហាត់

homework

កិច្ចការផ្ទះ

number

លេខ

add

បូក

subtract

ដក

multiply

គុណ

calculate

គណនា

letter

លិខិត

alphabet

អក្ខរក្រម

word

ពាក្យ

text

អត្ថបទ

read

អាន

chalk

ដីស

lesson

មេរៀន

register

ចុះឈ្មោះ

examination

ការប្រលង

certificate

វិញ្ញាបនបត្រ

school uniform

ឯកសណ្ឋានសាលា

education

ការអប់រំ

encyclopedia

សព្វវចនាធិប្បាយ

university

សាកលវិទ្យាល័យ

microscope

មីក្រូទស្សន៍

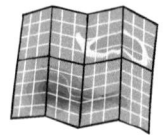

map

ផែនទី

waste-paper basket

កន្ត្រករដាក់សំរាមក្រដាស

hotel
សណ្ឋាគារ

Grand

hostel
សណ្ឋាគារក្រុមង

currency exchange office
ការិយាល័យបូរូប្តរក់

car
រថយន្ត

language
ភាសា

yes / no
បាទ / ទេ

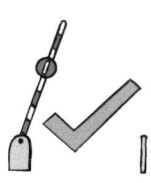

Okay
យល់ព្រម

hello
សាយ័ន្តសួស្តី!

translator
អ្នកបកប្រែ

Thank you
សូមអរគុណ

how much is...?

ថ្លៃប៉ុន្មាន... ?

I don´t get it

ខ្ញុំមិនយល់

problem

បញ្ហា

Good evening!

ទិវាសួស្តី!

Good morning!

អរុណសួស្តី

Good night!

រាត្រីសួស្តី!

goodbye

លាហើយ

direction

ទិសដៅ

luggage

អីវ៉ាន់

bag

កាបូប

backpack

កាបូបស្ពាយក្រោយ

guest

ភ្ញៀវ

room

បន្ទប់

sleeping bag

ថង់ដេក

tent

តង់

tourist information

ព័ត៌មានទេសចរណ៍

beach

ឆ្នេរ

credit card

កាតឥណទាន

breakfast

អាហារពេលព្រឹក

lunch

អាហារថ្ងៃត្រង់

dinner

អាហារពេលល្ងាច

Ticket

សំបុត្រ

elevator

ជណ្ដើរយន្ត

stamp

តែម

border

ព្រំដែន

customs

គយ

embassy

ស្ថានទូត

visa

ទិដ្ឋាការ

passport

លិខិតឆ្លងដែន

transport
ការដឹកជញ្ជូន

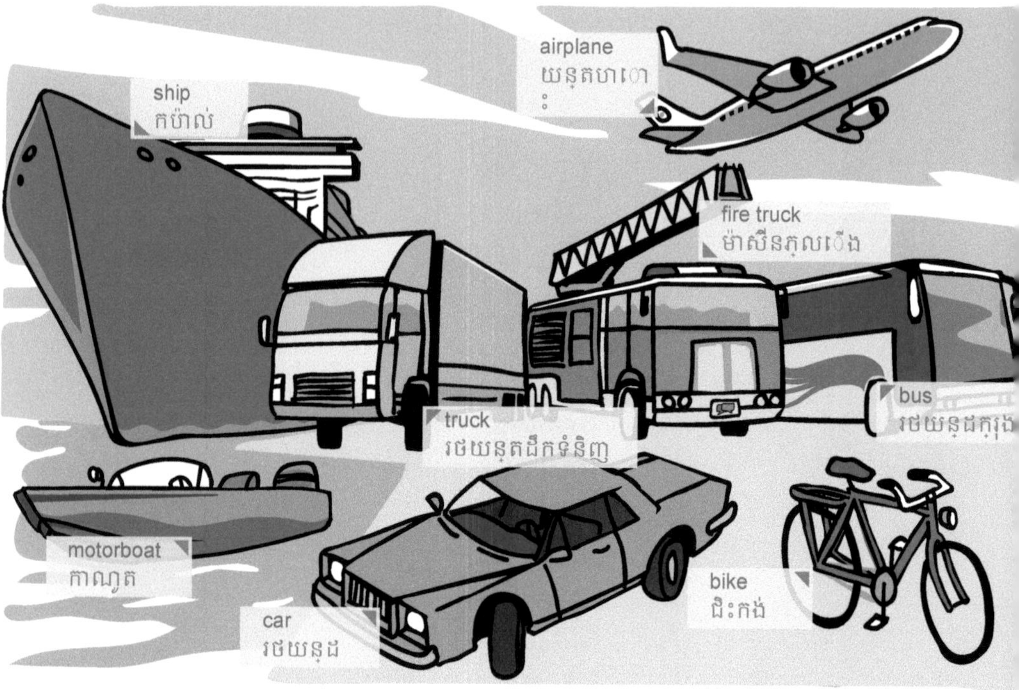
airplane
យន្តហោះ
ship
កប៉ាល់
fire truck
ម៉ាស៊ីនភ្លើង
bus
រថយន្តក្រុង
truck
រថយន្តដឹកទំនិញ
motorboat
កាណូត
bike
ជិះកង់
car
រថយន្ត

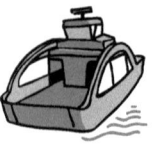

ferry
សាឡាង

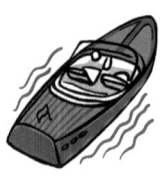

boat
ទូក

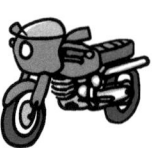

motorbike
ម៉ូតូ

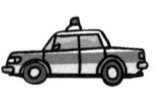

police car
រថយន្តប៉ូលិស

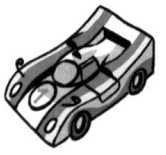

racing car
រថយន្តប្រណាំង

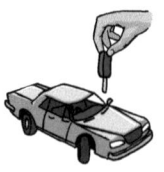

rental car
រថយន្តជួល

car sharing

ការចែករំលែករថយន្ត

tow truck

ឡានសុទួច

garbage truck

ឡានបូមមូលសំរាម

engine

ម៉ូតូ

fuel

ប្រេងឥន្ធនៈ

fuel station

ស្ថានីយ៍ប្រេង

traffic sign

សូលាកសញ្ញាចរាចរណ៍

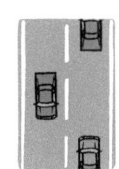

traffic

ការធ្វើចរាចរណ៍

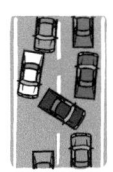

traffic jam

កកស្ទះចរាចរណ៍

parking lot

ចំណត

train station

ស្ថានីយ៍រថភ្លើង

tracks

ផ្លូវដែក

train

រថភ្លើង

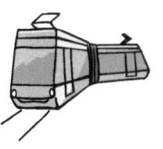

tram

រថអគ្គីសនី

wagon

ទូរថភ្លើង

helicopter

ឧទ្ធម្ភាគចក្រ

airport

ពុរលានយន្តហោះ

tower

ប៉ម

passenger

អ្នកដំណាលើរ

container

កុងតឺន័រ

carton

ក្រដាសកាតុង

cart

រទេះ

basket

កញ្ចប់

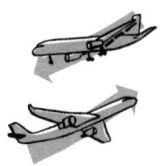

take off / land

ហោះឡ្បើង / ចុះ

city
ទីក្រុង

village

ភូមិ

city center

កណ្តាលទីក្រុង

house

ផ្ទះ

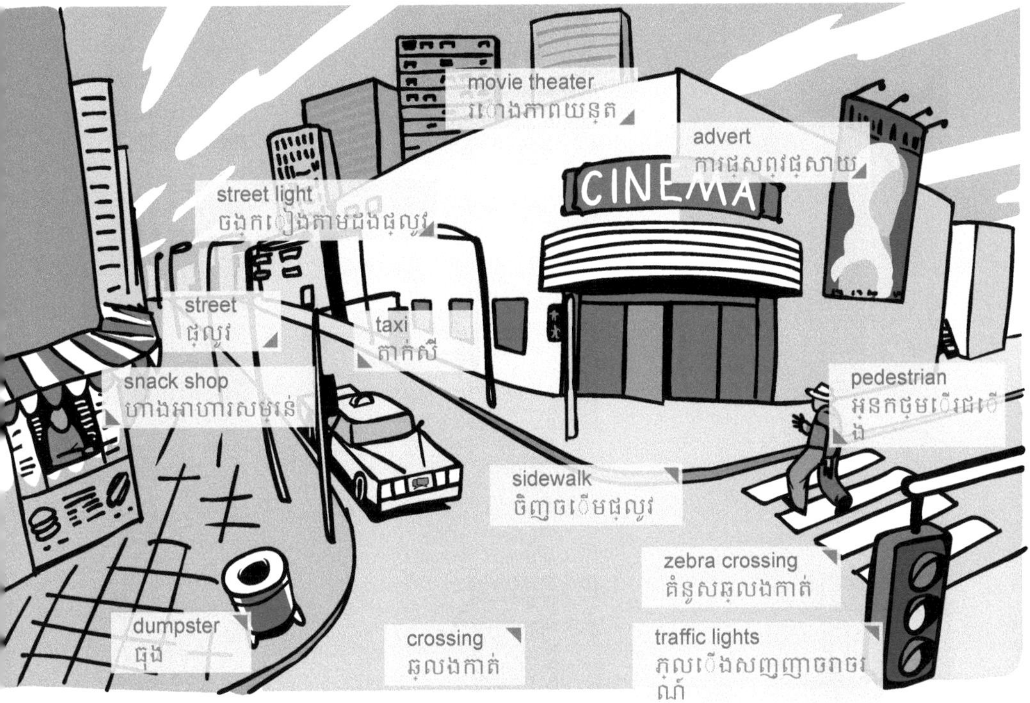

movie theater
រោងភាពយន្ត

advert
ការផ្សព្វផ្សាយ

street light
ចង្កៀងតាមដងផ្លូវ

CINEMA

street
ផ្លូវ

taxi
តាក់ស៊ី

snack shop
ហាងអាហារសម្រន់

pedestrian
អ្នកថ្មើរជើង

sidewalk
ចិញ្ចើមផ្លូវ

zebra crossing
គំនូសឆ្លងកាត់

dumpster
ធុង

crossing
ឆ្លងកាត់

traffic lights
ភ្លើងសញ្ញាចរាចរណ៍

hut

ខ្ទម

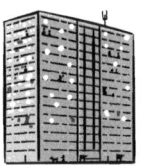

apartment

ផ្ទះល្វែង

train station

ស្ថានីយចថក្បលើង

city hall

សាលាក្រុង

museum

សារមន្ទីរ

school

សាលារៀន

university

សាកលវិទ្យាល័យ

bank

ធនាគារ

hospital

មន្ទីរពេទ្យ

hotel

សណ្ឋាគារ

pharmacy

ឱសថស្ថាន

office

ការិយាល័យ

book shop

ហាងលក់សៀវភៅ

shop

ហាង

flower shop

ហាងផ្កា

supermarket

ផ្សារទំនើប

market

ទីផ្សារ

department store

ហាងទំនិញ

fishmonger's shop

ហាងលក់ត្រី

mall

មជ្ឈមណ្ឌលផ្សារទំនើប

harbor

កំពង់ផែ

park

ឧទ្យាន

bench

បង្គ់

bridge

ស្ពាន

stairs

ជណ្តើរ

subway

ផ្លូវក្រោមដី

tunnel

ផ្លូវរូងក្រោមដី

bus stop

ចំណតរថយន្តក្រុង

bar

ហារ

restaurant

ភោជនីយដ្ឋាន

postbox

ប្រអប់សំបុត្រ

street sign

សញ្ញាតាមដងផ្លូវ

parking meter

ឧបករណ៍ប្រមូលថ្លៃចំណត

zoo

សួនសត្វ

swimming pool

អាងហែលទឹក

mosque

វិហារអ៊ីស្លាម

farm
កសិដ្ឋាន

pollution
ការបំពុល

cemetery
 វាលកប់ខ្មោច

church
ព្រះវិហារ

playground
គូររៀងវិលកុម្មេងលេង

temple
បូរាសាទ

landscape
ទេសភាព

signpost
សញ្ញាមុករប់ទិសដរៅ

path
ផ្លូវ

meadow
វាលស្មៅ

stone
ដុំថ្ម

hiker
អ្នកឌប្បេវៀងភ្នំ

tree
ដរើមឈ
រើ

river
ទន្លេ

grass
ស្មៅ

flower
ផ្កា

valley

ជ្រលងភ្នំ

hill

កូនភ្នំ

lake

បឹង

forest

ព្រៃឈើ

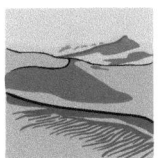

desert

វាលខ្សាច់

volcano

ភ្នំភ្លើងបើង

castle

គ្រោះកូរបី

rainbow

ឥន្ធនូ

mushroom

ផ្សិត

palm tree

ដើមត្នោត

mosquito

មូស

fly

រុយ

ant

ស្រមោច

bee

សត្វឃ្មុំ

spider

ពីងពាង

beetle

សត្វកញ្ជ្រៃ

frog

កង្កែប

squirrel

កំប្រុក

hedgehog

សត្វកាំបុរមា

hare

ទន្សាយស្លឹក

owl

សត្វទីទុយ

bird

បក្សី

swan

ហង្ស

boar

ជ្រូក

deer

សត្វក្តាន់

moose

សត្វក្ដាន់

dam

ទំនប់

wind turbine

កង្ហារខ្យល់

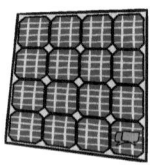

solar panel

បន្ទះទះសូឡា

climate

អាកាសធាតុ

restaurant
ភោជនីយដ្ឋាន

waiter
អ្នករត់តុ
menu
មឺនុយ
chair
កៅអី
soup
ស៊ុប
pizza
ភីហ្សា
cutlery
កាំបិត
tablecloth
កម្រាលតុ

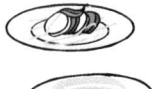

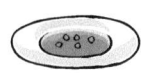

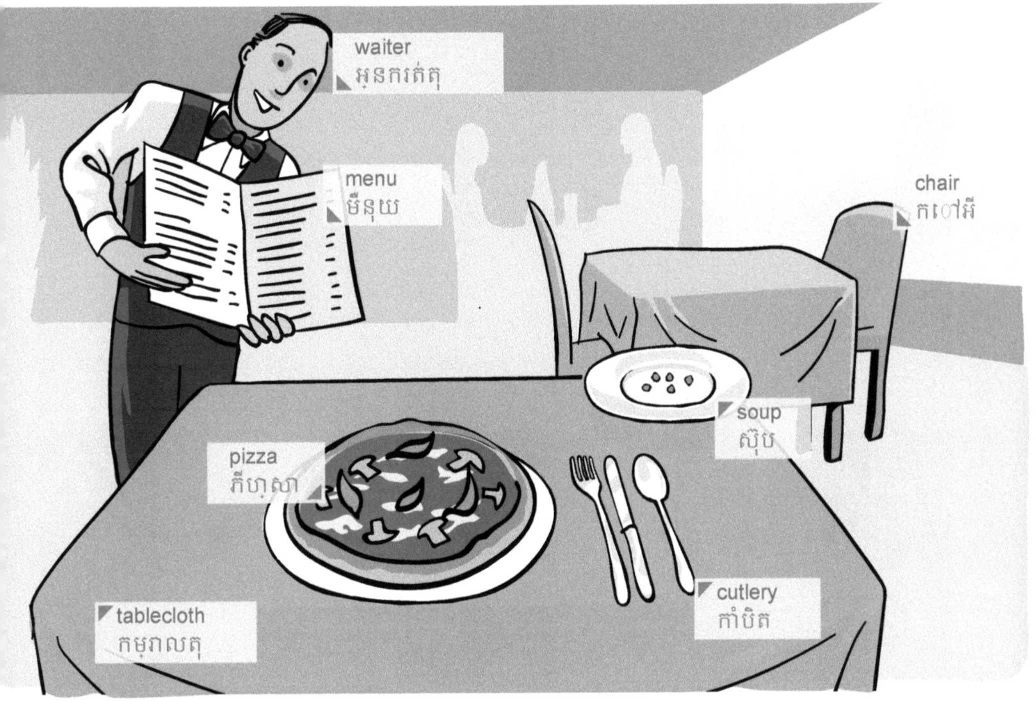

starter
អាហារសម្រន់

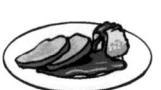

main course
អាហារសំខាន់

dessert
បង្អែម

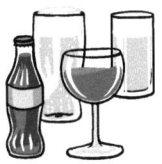

drinks
ភេសជ្ជៈ

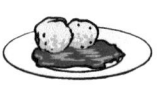

food
អាហារ

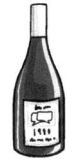

bottle
ដប

fast food

អាហារបហ័ស

street food

អាហារតាមផ្លូវ

teapot

ប៉ាន់តែ

sugar bowl

បួរអប់ស្ករ

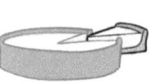

portion

ចំណែក

espresso machine

ម៉ាស៊ីនតុងកាហ្វេអ៊ិចស្ព្រេស្ស

high chair

កៅអីខ្ពស់

bill

វិក្កយបត្រ

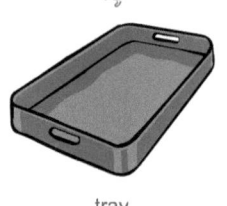

tray

ថាស

knife

កាំបិត

fork

សម

spoon

ស្លាបព្រា

teaspoon

ស្លាបព្រាកាហ្វេ

serviette

កន្សែងជូតខ្លួន

glass

កែវ

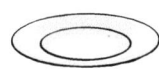

plate

ចានទាប

soup plate

ចានស៊ុប

saucer

ចានទុរនាប់

sauce

ទឹកជ្រលក់

salt shaker

ដបអំបិល

pepper mill

បុរដាប់កិនម្រេច

vinegar

ទឹកខ្មេះ

oil

បុរេង

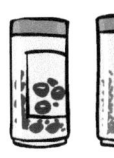

spices

គ្រឿងទេស

ketchup

ទឹកប់ដេង់ោះ

mustard

ម៉ូតាក

mayonnaise

ទឹកមយ៉ូណា

supermarket
ផ្សារទំនើប

special offer
ការផ្តល់ជូនពិសេស
FOR
customer
អតិថិជន
dairy products
ទឹកដោះគោ
fruit
ផ្លែឈើ
shopping cart
រទេះរុញ

BUTCHERS

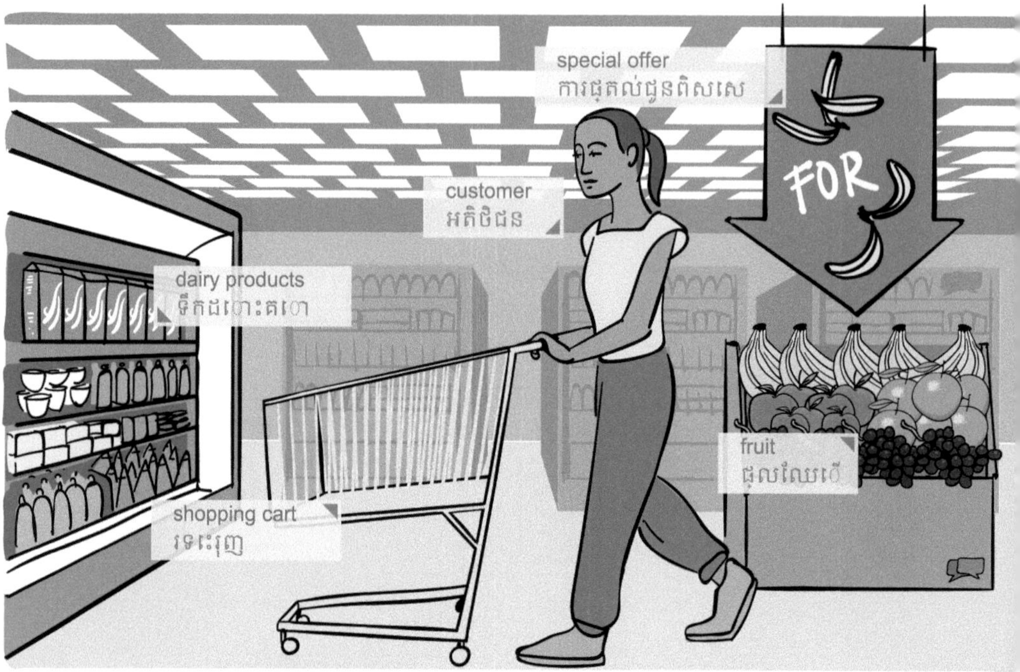

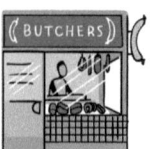

butcher's shop
ហាងកាប់ជ្រូក

BAKERY

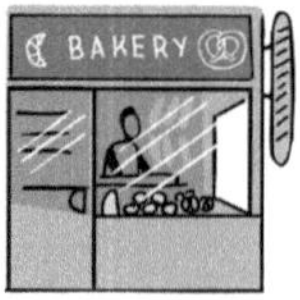

bakery
ហាងដុតនំ

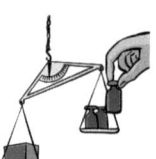

weigh
ថ្លឹង

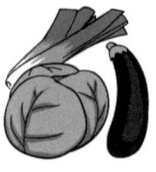

vegetables
បន្លែ

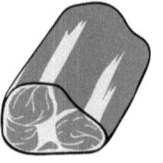

meat
សាច់

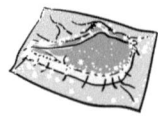

frozen food
អាហារក្លាស្សេ

cold cuts

សាច់កុលសរ

canned food

អាហារកំប៉ុង

detergent

មុសរេវៀលាង

candy

សុអរគុរាប់

household products

ផលិតផលក្នុងគ្រួសារ

cleaning products

ផលិតផលសម្អាត

sales representative

អ្នកលក់

cash register

ថតដាក់លុយ

cashier

បេឡា

shopping list

បញ្ជីទិញទំនិញ

opening hours

ម៉ោងធ្វីការ

wallet

កាបូបលុយបុរស

credit card

កាតឥណទាន

bag

ថង់

plastic bag

ថង់បុលាស្ទិច

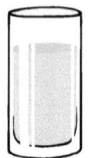
water
ទឹក

juice
ទឹកផ្លែឈើ

milk
ទឹកដោះគោ

coke
កូកាកូឡា

wine
ស្រា

beer
ស្រាបៀរ

alcohol
គ្រឿងស្រវឹង

cocoa
កាកាវ

tea
តែ

coffee
កាហ្វេ

espresso
កាហ្វេអិចស្ព្រេស្សូ

cappuccino
កាហ្វេកាពូឈីណូ

banana

ចេក

apple

ផ្លែប៉ោម

orange

ផ្លែក្រូច

melon

ឪឡឹក

lemon

ក្រូចឆ្មា

carrot

ការ៉ុត

garlic

ខ្ទឹម

bamboo

ឫស្សី

onion

ខ្ទឹមបារាំង

mushroom

ផ្សិត

nuts

គ្រាប់ផ្លែឈើ

noodles

មី

spaghetti

ម៉ាស្ប៉ាហ្គេតទី

rice

បាយ

salad

សាឡាត់

fries

ដំឡូងចៀន

fried potatoes

ដំឡូងចៀន

pizza

ភីហ្សា

hamburger

បឺហ្គឺ

sandwich

សាំងវិច

escalope

សាច់ជាប់ឆ្អឹងជំនី

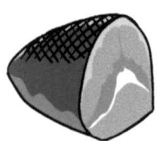

ham

ហាំ

salami

សាឡាមី

sausage

សាច់ក្រក

chicken

សាច់មាន់

roast

អាំង

fish

ត្រី

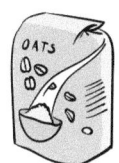

porridge oats

អាវ៉ែនបបរ

muesli

មុញ្ញូស្លី

cornflakes

ដំឡូងចំណិត

flour

មុសរៅ

croissant

នំគ្រួសង់

bread roll

នំប៉័ងមុ៉យ៉ាងមូលគួចៗ

bread

នំប៉័ង

toast

អាំង

cookies

នំប៊ីស្គុី

butter

ប៊ីរ

curd

ទឹកដោះខាប់

cake

នំខេក

egg

ស៊ុត

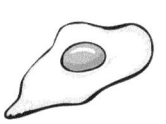

fried egg

ស៊ុតចៀន

cheese

ឈីស

ice cream

ការ៉េម

sugar

ស្ករ

honey

ទឹកឃ្មុំ

jelly

ដំណាប់

nougat cream

ក្រែមតាំងម៉ែវ

curry

ការី

goat	cow	calf

goat	cow	calf
ពពែ	គោញី	កូនគោ

pig	piglet	bull

pig	piglet	bull
ជ្រូក	កូនជ្រូក	គោឈ្មោល

goose

សត្វក្ងាន

duck

ទា

chick

កូនមាន់

hen

មមោន់

cockerel

មាន់ឈ្មោល

rat

កណ្ដុរ

cat

ឆ្មា

mouse

កណ្ដុរប្របមះ

ox

គោឈ្មោល

dog

ឆ្កែ

dog house

ផ្ទះឆ្កែ

garden hose

ទុយោទឹក

watering can

ធុងស្រោចទឹក

scythe

ខ្លរវែបក

plow

នង្គ័ល

sickle

កណ្ដៀវ

hoe

ចបកាប់

pitchfork

រនាស់

axe

ពូថៅ

pushcart

រទេះរុញ

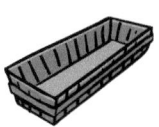

trough

ស្នូក

milk can

កំប៉ុងទឹកដោះគោ

sack

ហារ

fence

របង

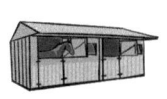

stable

ក្រោល

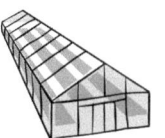

greenhouse

ផ្ទះកញ្ចក់

soil

ដី

seed

គ្រាប់ពូជ

fertilizer

ជី

combine harvester

ម៉ាស៊ីនច្រូតមួលផល

harvest

បុរមួលផល

harvest

ការបុរមួលផល

yams

ដំឡូងជុក

wheat

សូវរសាលិ

soya

សណ្ដែកសៀង

potato

ដំឡូងជុក

corn

ពោត

rapeseed

គ្រាប់បុរងៃ៉បៃ

fruit tree

ដើមឈើហូបផ្លែ

manioc

ដំឡូងមី

grain

ធញ្ញជាតិ

house
ផ្ទះ

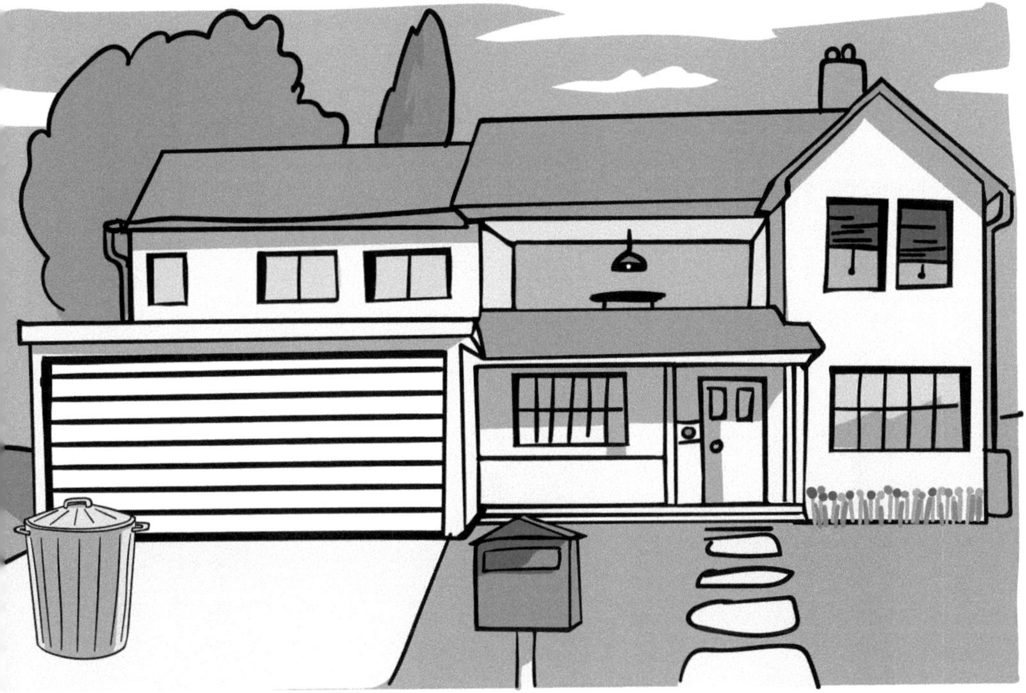

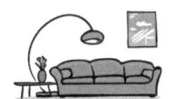

living room

បន្ទប់ទទួលភ្ញៀវ

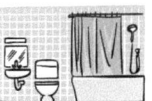

bathroom

បន្ទប់ទឹក

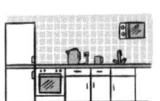

kitchen

ផ្ទះបាយ

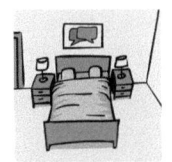

bedroom

បន្ទប់គេង

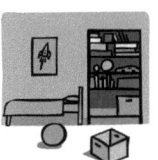

kids room

បន្ទប់របស់កុមារ

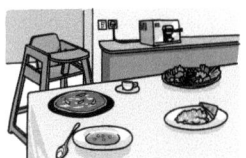

dining room

បន្ទប់ទទួលទានអាហារ

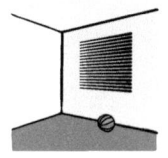

floor

ជាន់

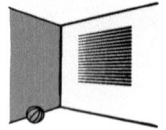

wall

ជញ្ជាំង

ceiling

ពិដាន

cellar

បន្ទប់ក្រោមដី

sauna

សូណា

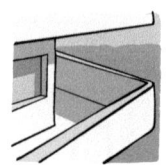

balcony

យ៉ៃរ

terrace

ផ្ទៃក្រៅបុរិមេរ៉េនទៅដម្បាលភូមិ

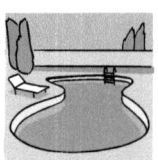

pool

អាងហាលៃទឹក

lawn mower

ម៉ាស៊ីនកាត់ស្មៅទៅ

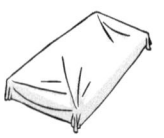

sheet

សន្លឹក

bedspread

កម្រាលគ្រែដែរកេ

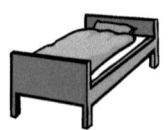

bed

គ្រែ

broom

អំបោស

bucket

ធុង

switch

កុងតាក់

living room
បន្ទប់ទទួលភ្ញៀវ

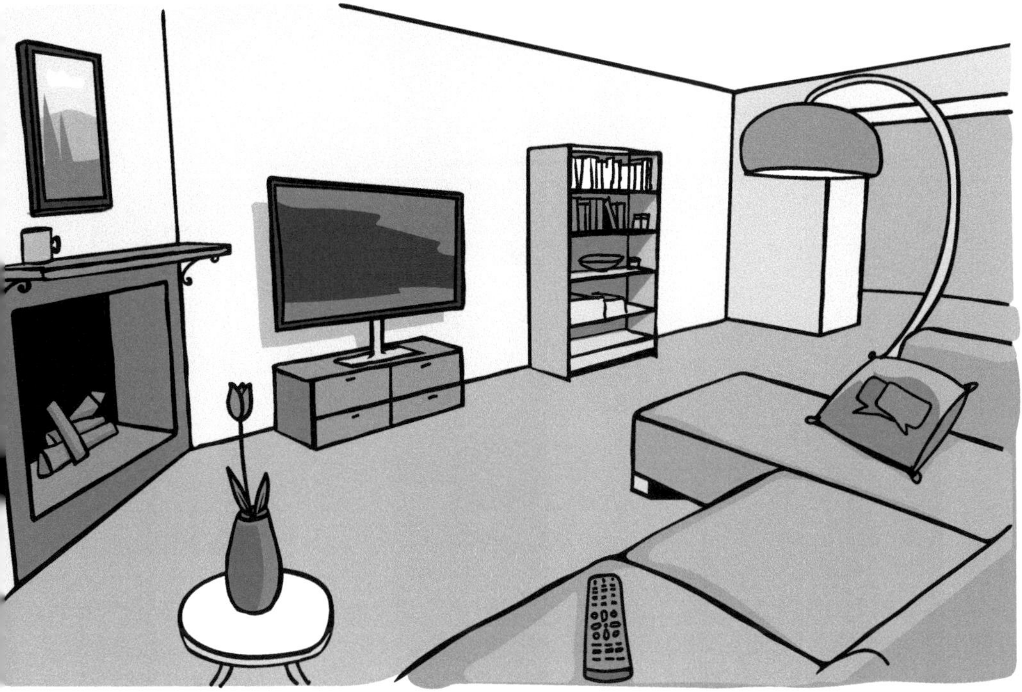

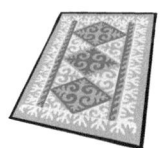

carpet

កម្រាលព្រំ

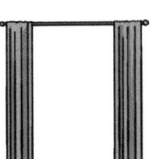

drape

វាំងនន

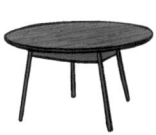

table

តុ

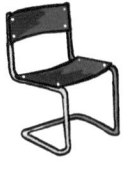

chair

កៅអី

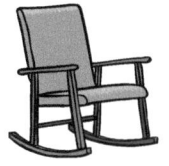

rocking chair

កៅអីប៉ាក់ប៉ើក

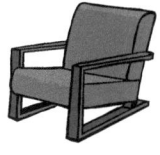

armchair

កៅអីភ្នាក់ដៃ

book

សៀវភៅ

blanket

ភួយ

decoration

ការតុបតែង

firewood

អុសដុត

film

ខ្សែភាពយន្ត

stereo system

ឧបករណ៍ Hi-Fi

key

កូនសោ

newspaper

កាសែត

painting

គំនូរ

poster

ផ្ទាំងរូបភាព

radio

វិទ្យុ

notebook

ណូតផតគេ

vacuum cleaner

ម៉ាស៊ីនបូមធូលី

cactus

ដំបងយក្ស

candle

ទៀន

kitchen
ផ្ទះបាយ

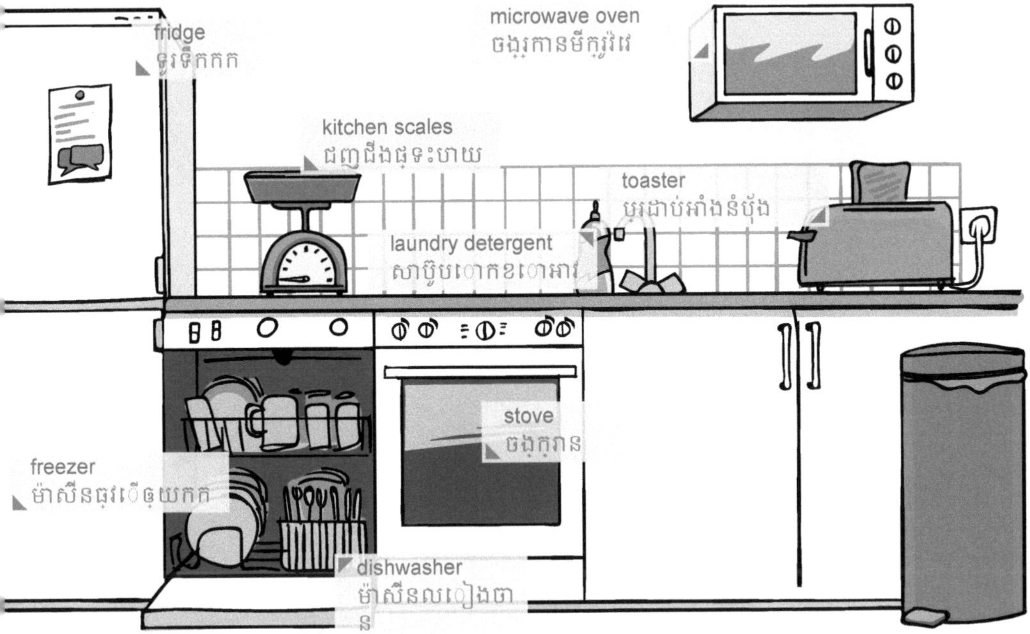
fridge
ទូរទឹកកក
microwave oven
ចង្ក្រានមីក្រូវ៉េវ
kitchen scales
ជញ្ជីងផ្ទះបាយ
toaster
ប្រដាប់អាំងនំប៉័ង
laundry detergent
សាប៊ូបោកខោអាវ
stove
ចង្ក្រាន
freezer
ម៉ាស៊ីនធ្វើឲ្យកក
dishwasher
ម៉ាស៊ីនលៀងចាន

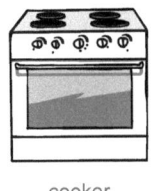

cooker

ចង្ក្រាន

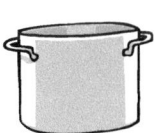

pot

ឆ្នាំង

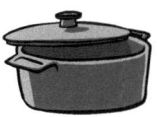

cast-iron pot

ឆ្នាំងដែក

wok / kadai

ខ្ទះ / ខ្ទះឥណ្ឌា

pan

ខ្ទះ

kettle

កំសៀវ

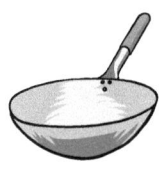

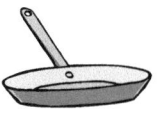

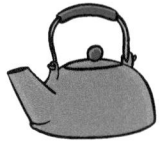

steamer

ឆ្នាំងចំហុយ

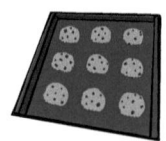

baking tray

ថាសដុតនំ

crockery

គ្រឿងចានឆ្នាំងដី

mug

ថូ

bowl

ចានគោម

chopsticks

ចង្កឹះ

ladle

វែកសមុល

spatula

វែកកូរ

whisk

បរដាប់វាយកូរឡ្បក

strainer

តម្រង

sieve

កន្ត្រង

grater

បរដាប់កោសដុង

mortar

ត្បាល់

barbecue

ការអាំងសាច់

fireplace

ចង្ក្រានចំហា

chopping board

ជុរញ្ញ

rolling pin

បុរដាប់កិនម្សៅ

corkscrew

បុរដាប់ម្សៅបេីកឆ្នុកសុរា

can

កំប៉ុង

can opener

បុរដាប់បេីកកំប៉ុង

oven cloth

កុរណាត់ទុរប់ឆ្នាំង

sink

កន្សុលដែលោងចាន

brush

ជក់ិ

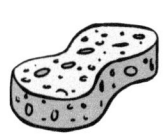

sponge

អប៉ុង

blender

ម៉ាស៊ីនកុរឡ្បុក

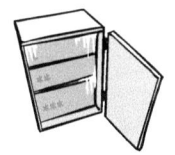

deep freezer

ទូរទឹកកកខ្នាតត្ថច

baby bottle

ដបទឹកដ្បោះតោ

tap

រូបីណោ

heating
កម្ដៅ

shower
ផ្កាឈូក

towel
កន្សែង

shower curtain
រាំងននងួតទឹកផ្កាឈូក

bubble bath
ការងូតទឹកពពុះ

bathtub
អាងងូតទឹក

glass
កញ្ចក់

washing machine
ម៉ាស៊ីនបោកពោកគក់

tiles
ក្បឿកុបរៀង

tap
រ៉ូប៊ីណេ

potty
ចានបង្គន់

sink
កន្សែងលាងចាន

toilet	squat toilet	bidet
បង្គន់	បង្គន់អង្គុយ	ផ្លេងជម្រះកាយ

urinal	toilet paper	toilet brush
កុលាំទឹកកនោម	ក្រដាសបង្គន់	ច្រាសដុសបង្គន់ន

toothbrush

ច្រាសដុសធ្មេញ

toothpaste

ថ្នាំដុសធ្មេញ

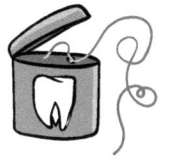

dental floss

ខ្សែទាក់សម្អាតធ្មេញ

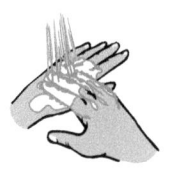

wash

លាង

hand shower

បួរដាប់ដាក់ដៃផ្កាឈ្លុក

douche

ទឹកផុងនាំសម្រាប់ហាញ់លាង

basin

អាង

back brush

ច្រាសដុសខ្នង

soap

សាប៊ូ

shower gel

ៗលែសសម្រាប់ងូតទឹកផ្កាឈ្លុ
ក

shampoo

សាប៊ូ

flannel

សក្លាត

drain

បំពង់បង្ហូរទឹក

creme

ក្រែម

deodorant

ថ្នាំបំបាត់ក្លិនអាក្រក់

mirror

កញ្ចក់

hand mirror

កញ្ចក់ដៃ

razor

បរដាប់កោរ

shaving foam

ហ្វូមកោរពុកមាត់

aftershave

ទឹកលាងក្រោយកោរពុកមាត់រួច

comb

ក្រាស

brush

ជក់

hair-dryer

បរដាប់សម្ងួតសក់

hairspray

ស៊ុព..យ..ហា.ញ..សក់

makeup

ការតុបតែងមុខ

lipstick

ក្រ..មែ..លោ..ប..មាត់

nail varnish

ថ្នាំលាបក្រចក

cotton wool

រោមកប្បាស

nail scissors

កន្ត្រៃកាត់ក្រចក

perfume

ទឹកអប់

washbag

កាបូបបរិកាកគត់

stool

លាមក

weighing scales

ជញ្ជីងចុលឹងទមុងន់

bathrobe

អាវពោកងុតទឹក

rubber gloves

ស្រោមដៃកៅស៊ូ

tampon

ឆ្នុក

sanitary towel

កន្សងែអនាម័យ

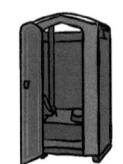

chemical toilet

បង្គន់គីមី

kids room
បន្ទប់របស់កុមារ

alarm clock
នាឡិការោទ៍
cuddly toy
ប្រដាប់ក្មេងអោបលេង
toy car
រថយន្តក្មេងលេង
rattle
ប្រដាប់អង្រន់លេង
doll's house
ផ្ទះកូនក្រមុំជ័រ
present
អំណោយ

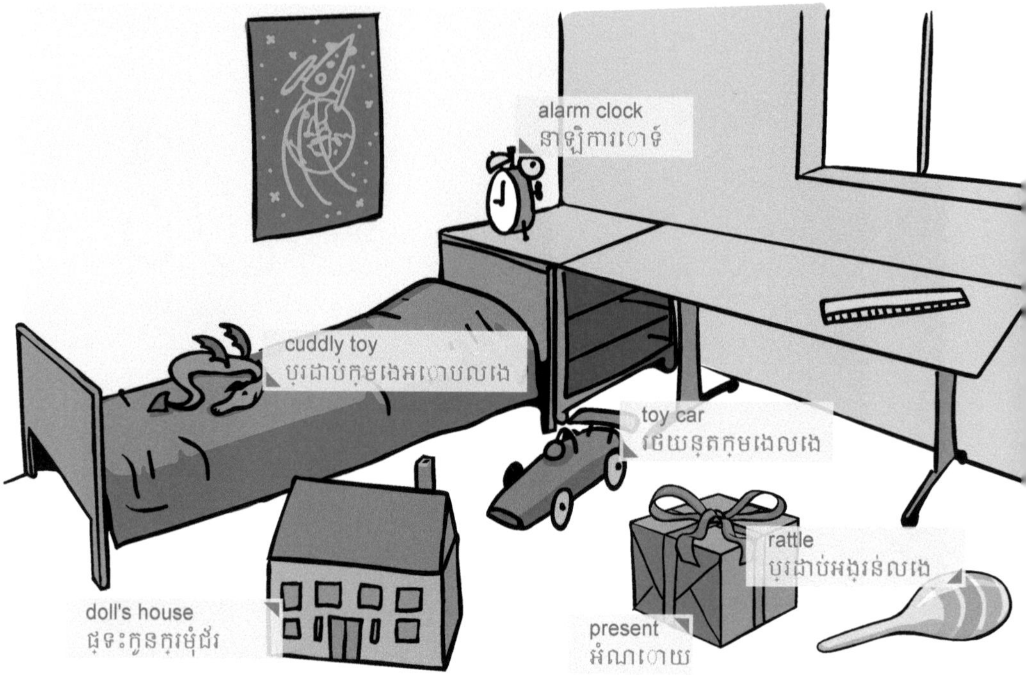

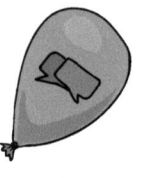

balloon
ប៉េងប៉ោង

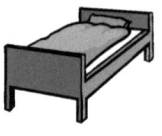

bed
គ្រែ

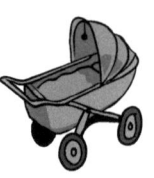

stroller
រទេះរុញទារក

deck of cards
ហ៊ូបៀ

jigsaw
រូបផ្គុំ

SUPER MEGA

comic
កំប្លែង

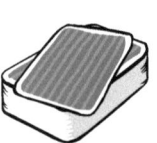

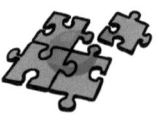

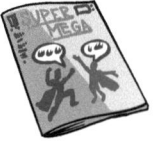

lego bricks

ព័ដុប Lego

toy blocks

ប្លុកប្រដាប់ក្មេងលេង

action figure

គ្រោះខេសកម្មភាព

romper suit

ខោអាវទារក

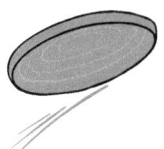

frisbee

ការគប់ចាស

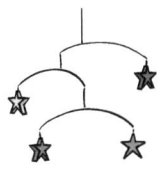

mobile

ទូរស័ព្ទដៃ

board game

ក្តារលេងដៃ

dice

គ្រាប់ឡុកឡាក់

model train set

ឈុតរថភ្លើងលេងគំរូ

pacifier

រូបសំណាក

party

គណបក្ស

picture book

សៀវភៅរូបភាព

ball

បាល់

doll

កូនក្រមុំតុក្កតា

play

លេង

sandpit

រណ្ដៅទៅខ្សាច់

swing

ទ្រេង

toys

បុរដោប់កុមដេលដេ

video game console

កុងស្សុលវីដេអូហ្គតមេ

tricycle

គ្រីចក្រយានយន្ត

teddy bear

តុក្កតាខលាយម៉ុំ

wardrobe

ទូខោអាវ

---

clothing
សម្លេរៀកបំពាក់

socks

ស្រោមជេីង

stockings

ស្រោមជេីងវែង

tights

ខោទុរនាប់នារី

scarf
កន្សែង

umbrella
ឆ័ត្រ

belt
ខ្សែក្រវាត់

t-shirt
អាវយឺត

sneakers
ស្បែកជើងហ្គាតា

boots
ស្បែកជើងករវែង

slippers
ស្បែកជើងពាក់ន

sandals
ស្បែកជើងសង្រែក

shoes
ស្បែកជើង

rubber boots
ស្បែកជើងករវែងកៅស៊ូ

underwear
ខោទ្រនាប់បុរស

bra
អាវទ្រនាប់

undershirt
អាវកាក់

clothing - សម្លៀកបំពាក់

body

រាងកាយ

pants

ខោទ្រវែង

jeans

ខោខូវប៊យ

skirt

សំពត់

blouse

អាវក្រវៅ

shirt

អាវ

pullover

អាវយឺត

sweater

អាវយឺត

blazer

អាវធំ

jacket

អាវក្រវៅ

coat

អាវធំ

raincoat

អាវភ្លៀងៀង

costume

គុរៀងតែង

dress

អាវរវែង

wedding dress

សំលរៀកបំពាក់អាពាហ៍ពិពា
ហ៍

suit

ខោអាវឈុត

nightgown

រ៉ូបរាត្រី

pajamas

ឈុតគេង

sari

សារី

headscarf

កន្សែងជួតក្បាល

turban

ផ្នួត

burka

សួបម៉ែខ

kaftan

kaftan

abaya

abaya

swimsuit

ឈុតហាលែទឹក

trunks

ខោខ្លី

shorts

ខោខ្លី

tracksuit

ឈុតហាត់កីឡា

apron

អាវអៀម

gloves

ស្រោមដៃ

button

ឡូវអាវ

glasses

វ៉ែនតា

bracelet

ខ្សែដៃ

necklace

ខ្សែក

ring

ចិញ្ចៀន

earring

ក្រវិល

cap

មួក

coat hanger

បរដោប់ពួយអាវក្រៅ

hat

មួក

tie

ក្រវ៉ាត់ក

zip

រូត

helmet

មួកសុវត្ថិភាព

braces

ខ្សែរ

school uniform

ឯកសណ្ឋានសាលា

uniform

ឯកសណ្ឋាន

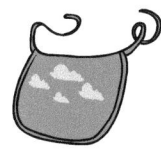

bib

អៀមទារក

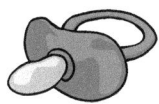

pacifier

រូបសំណាក

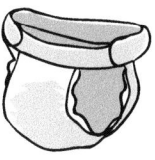

diaper

ខោទឹកនោម

office
ការិយាល័យ

server
ម៉ាស៊ីនមេ
filing cabinet
ទូឯកសារ
printer
ម៉ាស៊ីនបោះពុម្ព
paper
ក្រដាស
monitor
ម៉ូនីទ័រ
mouse
កណ្ដុរ
desk
តុការិយាល័យ
folder
ស៊ីមី
keyboard
ក្ដារចុច
waste-paper basket
កន្ត្រកដាក់សំរាមក្រដាស
computer
កុំព្យូទ័រ
chair
កៅអី

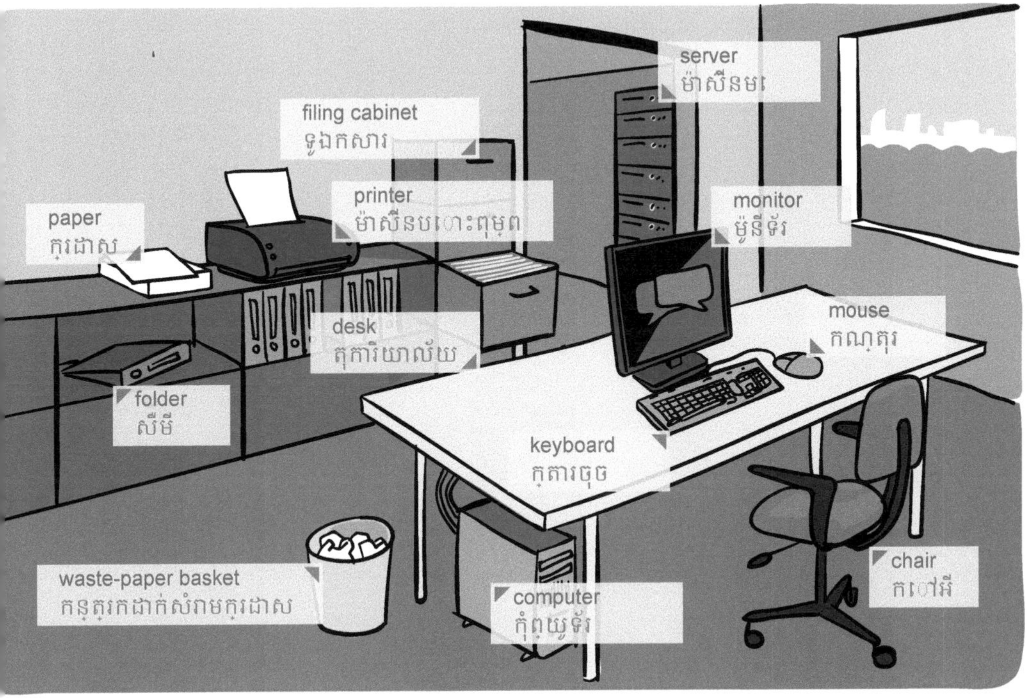

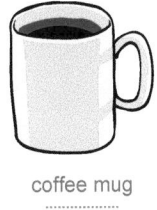

coffee mug

កែវកាហ្វេ

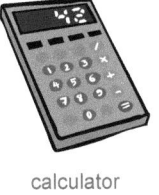

calculator

ម៉ាស៊ីនគិតលេខ

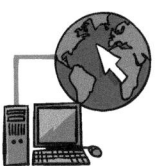

internet

អ៊ីនធឺណិត

laptop

កុំព្យូទ័រយួរដៃ

letter

លិខិត

message

សារ

cell phone

ទូរស័ព្ទដៃ

network

បណ្តាញ

photocopier

ម៉ាស៊ីនថតចម្លង

software

សូហ្វវែរ

telephone

ទូរស័ព្ទ

plug socket

រន្ធជ្រោត

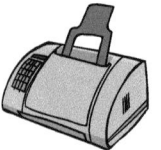

fax machine

ម៉ាស៊ីនទូរសារ

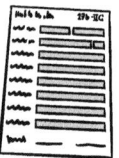

form

ទម្រង់បែបបទ

document

ឯកសារ

buy

ទិញ

pay

បង់ប្រាក់

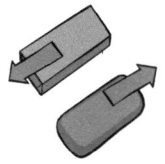

trade

ធ្វេ៏ជំនួញ

money

លុយ

dollar

ប្រាក់ដុល្លារ

euro

ប្រាក់អឺរ៉ូ

yen

ប្រាក់យ៉េន

rouble

ប្រាក់រូបិល

Swiss franc

ហ្វ្រង់ស្វីស

renminbi yuan

ប្រាក់យ៉ន

rupee

ប្រាក់រូពី

cash point

កន្លែងប៊ុរេ៉សាច់ប្រាក់

currency exchange office

ការិយាល័យបូរូបុរាក់

gold

មាស

silver

ប្រាក់

oil

ប្រេង

energy

ថាមពល

price

តម្លៃ

contract

កិច្ចសន្យា

tax

ពន្ធ

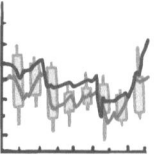

stock

ភាគហ៊ុន

work

ធ្វើការ

employee

បុគ្គលិក

employer

និយោជក

factory

រោងចក្រ

shop

ហាង

police officer
មន្ត្រីប៉ូលិស

fireman
អ្នកពន្លត់អគ្គិភ័យ

cook
ចុងភៅ

doctor
វេជ្ជបណ្ឌិត

pilot
អ្នកបររៃកយន្តហោះ

gardener

អ្នកថែស្វែន

carpenter

ជាងឈើ

seamstress

ជាងកាត់ដេរ

judge

ចៅក្រម

chemist

គីមីវិទ្យ

actor

តួកុន

bus driver

អ្នកបើកឡានក្រុង

taxi driver

អ្នកបើកតាក់ស៊ី

fisherman

អ្នកនេសាទ

cleaning lady

សុត្តរីអ្នកសម្អាត

roofer

ជាងដំបូល

waiter

អ្នករត់តុ

hunter

អ្នកបរបាញ់សត្វ

painter

វិចិត្រករ

baker

អ្នកដុតនំ

electrician

ជាងអគ្គីសនី

builder

ជាងសំណង់

engineer

វិស្វករ

butcher

អ្នកកាប់សាច់

plumber

ជាងជួសជុលទុយោរទឹក

postman

អ្នករត់សំបុត្រ

soldier

ទាហាន

architect

ស្ថាបត្យករ

cashier

បេឡា

florist

អ្នកលក់ផ្កា

hairdresser

អ្នកអ៊ិតសក់

conductor

អ្នកយកលុយ

mechanic

ជាងម៉ាស៊ីន

captain

កាពីទែន

dentist

ពទ្យធ្មេញ

scientist

អ្នកវិទ្យាសាស្ត្រ

rabbi

គ្រូបង្រៀនច្បាប់សញ្ជាតិ
ជីហ្វ

imam

លោកសង្ឃចាម

monk

ព្រះសង្ឃ

pastor

បព្វជិត

ឧបករណ៍

hammer
ញញួរ

pliers
ដង្កាប់

screwdriver
ទូណឺវីស

wrench
ម៉ាឡ្យេត

torch
ពិល

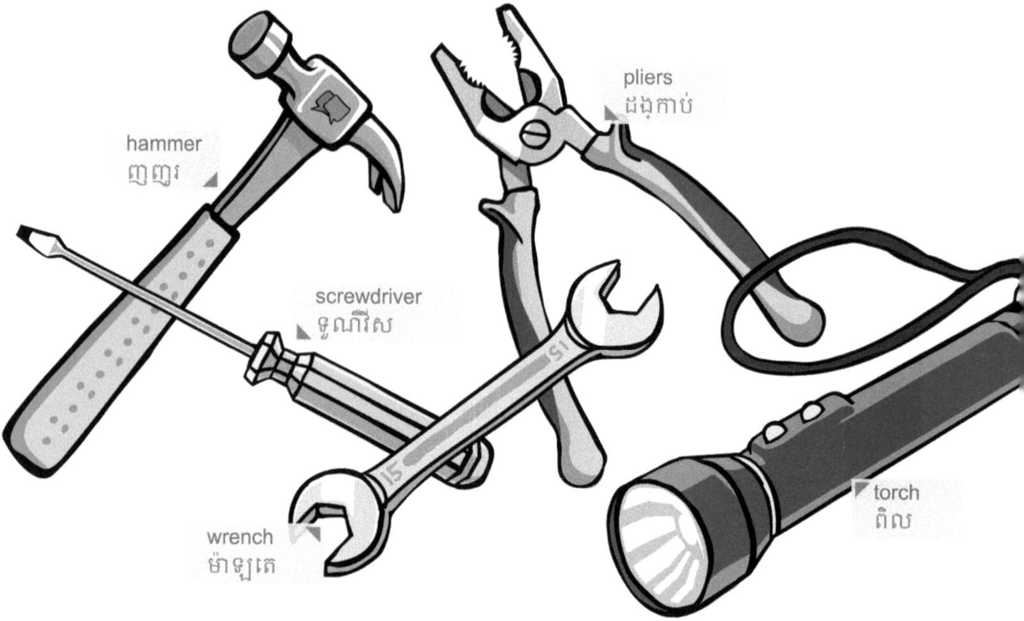

excavator
ម៉ាស៊ីនជីក

toolbox
បុអេប់ឧបករណ៍

ladder
ជណ្តើរបើរ

saw
រណារ

nails
ដែគតពោល

drill
បុរដាប់សុវាន

repair
ជួសជុល

shovel
ប៉ែល

Damn!
ចង្រៃ!

dustpan
បួរដាប់ចួកចូលី

paint can
ធុងថ្នាំពណ៌

screws
វីស

musical instruments
ឧបករណ៍តន្ត្រី

drum set
ឈុតសូត្រ

loud speaker
ឧបករណ៍បំពងសំឡេង

guitar
ហ្គីតា

double bass
ហាសព៌រ

trumpet
គ្រវី

piano

ពុយាណូ

violin

វីយ៉ូឡុង

bass

ហាស

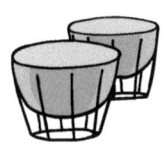

timpani

ស្គរពោសសុបកែមុយ៉ាង

drums

ស្គរ

keyboard

យ៉ឺបត

saxophone

សាកស៊ូហ្វូន

flute

ខ្លុយ

microphone

ម៉ឺក្រូហ្វូន

entrance
ច្រកចូល

tiger
សត្វខ្លា

cage
ទ្រុង

zebra
សេះបង្កង់

animal feed
ការខ្ទើយចំណីសត្វ

panda
ខ្លាឃ្មុំផេនដា

animals
សត្វ

elephant
សត្វដំរី

kangaroo
សត្វកង់ហ្គារូ

rhino
សត្វរមាស

gorilla
សត្វស្វាហ្គ័រីឡ្លា

bear
ខ្លាឃ្មុំពណ៌ត្នោត

camel

សត្វអូដ្ឋ

ostrich

សត្វអូទ្រីស

lion

សត្វតោ

monkey

ស្វា

flamingo

សត្វក្របៀល

parrot

សកែ

polar bear

ខ្លាឃ្មុំតំបន់ប៉ូល

penguin

ផេនឃ្វីន

shark

ត្រីឆ្លាម

peacock

ក្ងោក

snake

សត្វពស់

crocodile

ក្រពើ

zookeeper

អ្នកថែរក្សាសួនសត្វ

seal

ឆ្មាទឹក

jaguar

ខ្លារខិនមួយយ៉ាង

pony

កូនសេះ

leopard

ខ្លារខិន

hippo

សត្វជ្រីទឹក

giraffe

សត្វករវៃ

eagle

ពន្ធទូរី

boar

ជ្រូក

fish

ត្រី

turtle

អណ្ដុកេើក

walrus

លពោមមចូចា

fox

កញ្ជុរវោង

gazelle

ក្ដាន់

American football
កីឡាហាល់ទាត់អាមេរិក

cycling
ការបុរណវាំងកង់

tennis
កីឡាថេនីស

basketball
កីឡាហាល់បពោះ

swimming
កីឡាហាលែទឹក

boxing
កីឡាប្រដាល់

ice hockey
កីឡាវាយកូនមាល់វើ៌
កក

soccer
កីឡាហាល់ទាត់

badminton
កីឡាវាយស៍

athletics
អត្តពលកម្ម

handball
កីឡាហាល់កាន់

skiing
ការជិះសុគី

polo
ប៉ូឡូ

activities
សកម្មភាពនានា

laugh
សើច
jump
លោត
hug
ឱប
walk
ដើរ
sing
ច្រៀង
dream
សុបិន្ត
pray
អធិស្ឋាន
kiss
ថើប

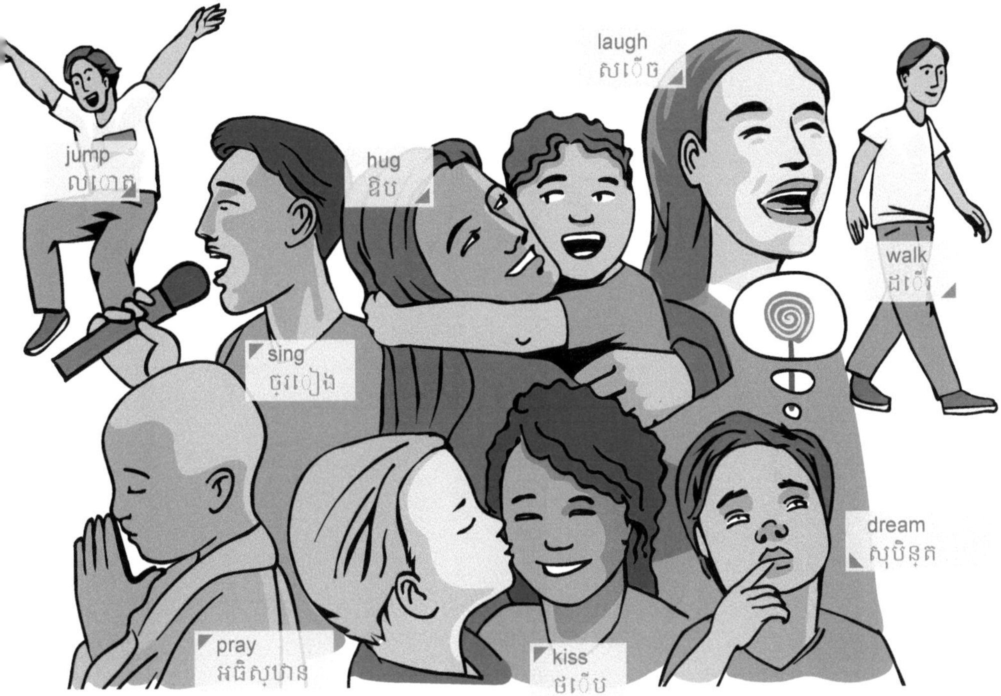

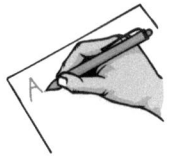

write

សរសេរ

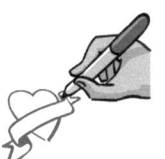

draw

គូរ

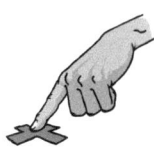

show

បង្ហាញ

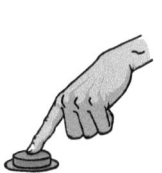

push

រុញ

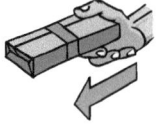

give

ឲ្យ

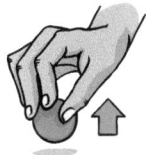

take

យក

have

មាន

do

ធ្វើ

be

គឺ

stand

ឈរ

run

រត់

pull

ទាញ

throw

បោះ

fall

ធ្លាក់

lie

កុហក

wait

រង់ចាំ

carry

យួរ

sit

អង្គុយ

get dressed

ស្លៀកពាក់

sleep

ដេក

wake up

ភ្ញាក់ឡើង

look at
មេីល

cry
យ៉ំ

stroke
តួសវាស

comb
សិតសក់

talk
និយាយ

understand
យល់

ask
សួរ

listen
ស្ដាប់

drink
ផឹក

eat
បរិភោគ

tidy up
សម្អាត

love
ស្រលាញ់

cook
ចម្អិន

drive
បេីកបរ

fly
ហោះ

sail

ចែកទូក

calculate

គណនា

read

អាន

learn

រៀន

work

ធ្វើការ

marry

រៀបការ

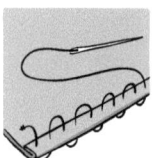

sew

ដេរ

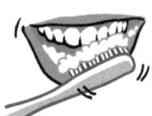

brush teeth

ដុសធ្មេញ

kill

សម្លាប់

smoke

ជក់

send

ផ្ញើរ

grandmother
ជីដូន

grandfather
ជីតា

father
ឪពុក

mother
មាតាយ

baby
ទារក

daughter
កូនស្រី

son
កូនប្រុស

guest
ក្ញៀវ

aunt
មីង

uncle
ពូ

brother
បងប្អូនប្រុស

sister
បងប្អូនស្រី

body
រាងកាយ

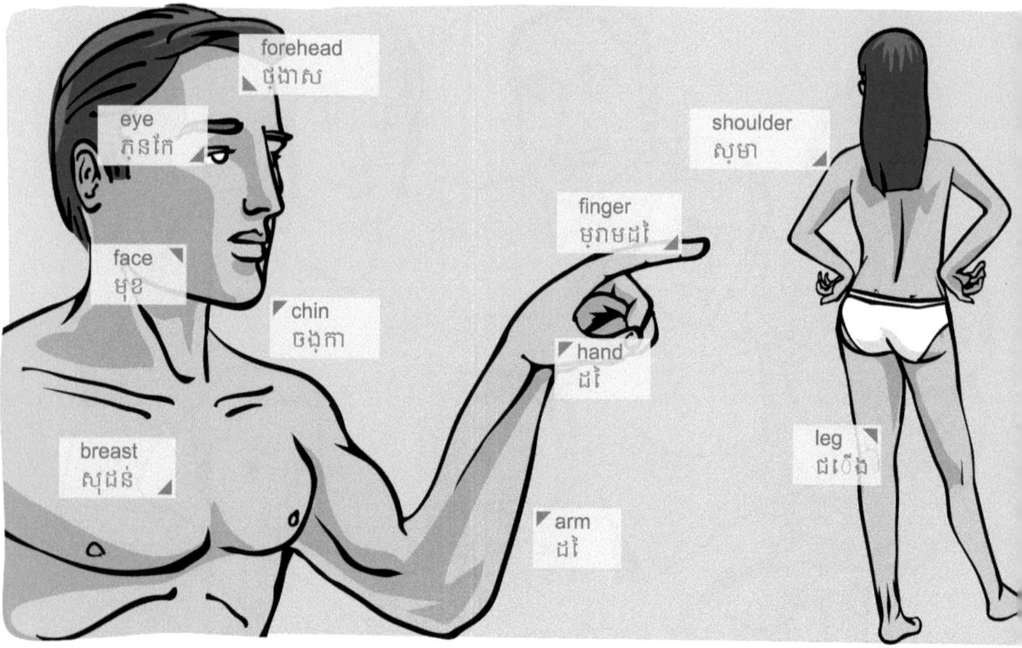

forehead
ថ្ងាស

eye
ភ្នែក

shoulder
ស្មា

finger
ម្រាមដៃ

face
មុខ

chin
ចង្កា

hand
ដៃ

breast
សុដន់

leg
ជើង, ជង្គង់

arm
ដៃ

baby
ទារក

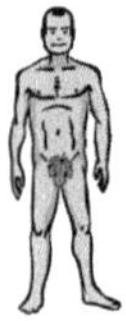

man
បុរស

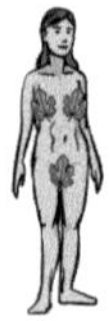

woman
ស្ត្រី

girl
កុមារីស្រី

boy
កុមារាបុរស

head
ក្បាល

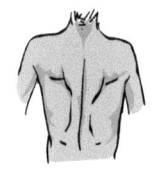

back

ខ្នង

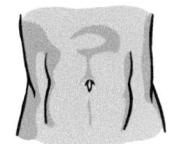

belly

ពោះ

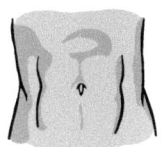

navel

ផ្ចិត

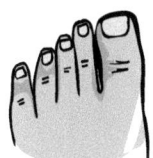

toe

មុរមជេ៍ង

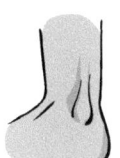

heel

កែងជេ៍ង

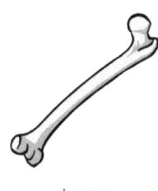

bone

ឆ្អឹង

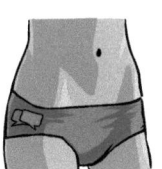

hip

គូរគោក

knee

ជង្គង់

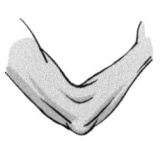

elbow

កែងដៃ

nose

ច្រមុះ

buttocks

គូទ

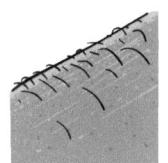

skin

ស្បែក

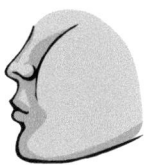

cheek

ថ្ពាល់

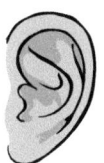

ear

គូរចេ្ាៀក

lip

បបូរមាត់

body - រាងកាយ   69

mouth

 មាត់

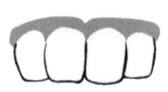

tooth

ធ្មេញ

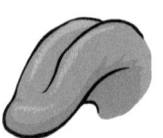

tongue

អណ្ដាត

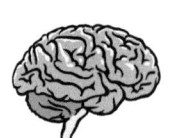

brain

ខួរក្បាល

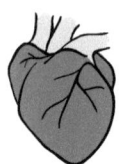

heart

បេះដូង

muscle

សាច់ដុំ

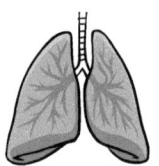

lung

សួត

liver

ថ្លើម

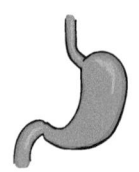

stomach

ក្រពះ

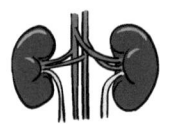

kidneys

តម្រងនោម

sex

ការរួមភេទ

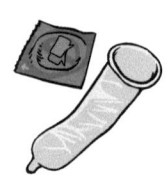

condom

ស្រោមអនាម័យ

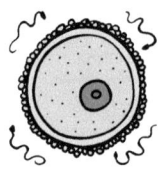

ovum

អូវុល

semen

ទឹកកាម

pregnancy

ការមានផ្ទៃពោះ

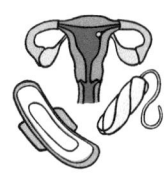

menstruation

មករដូវ

vagina

ទ្វារមាស

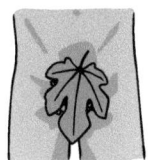

penis

លិង្គ

eyebrow

ចិញ្ចើម

hair

សក់

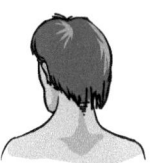

neck

ក

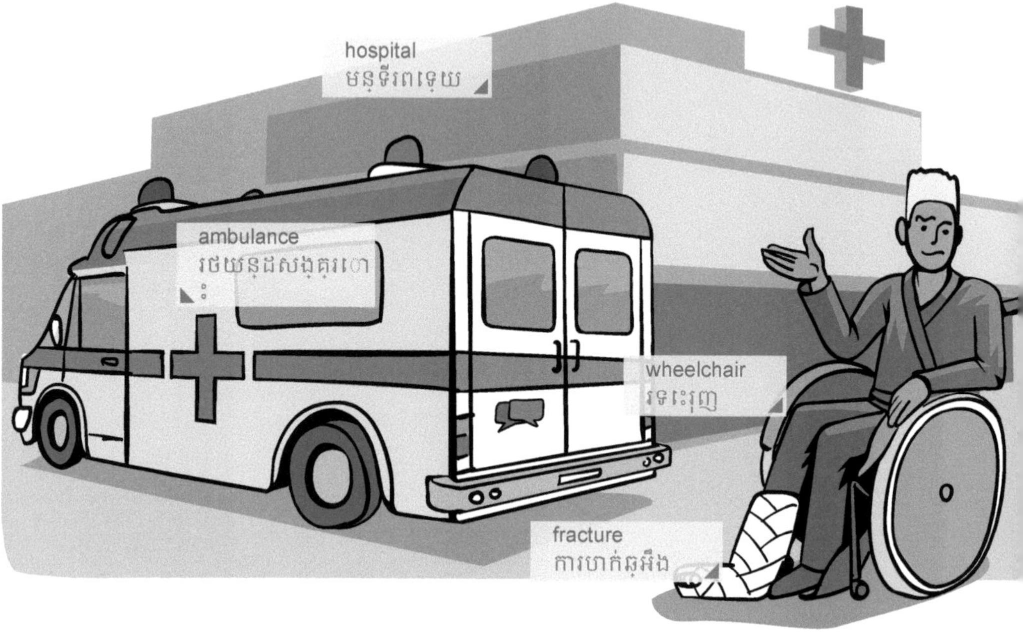

hospital
មន្ទីរពេទ្យ

ambulance
រថយន្តដឹងគ្រូរោ

wheelchair
រទេះរុញ

fracture
ការបាក់ឆ្អឹង

doctor
វេជ្ជបណ្ឌិត

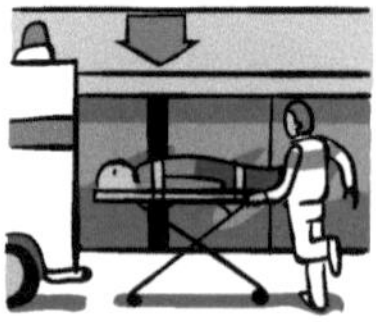

emergency room
បន្ទប់សង្គ្រោះបន្ទាន់

nurse
គិលានុបដ្ឋាយិកា

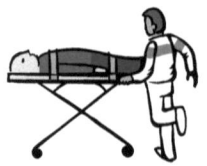

emergency
សង្គ្រោះបន្ទាន់

unconscious
សន្លប់

pain
ការឈឺចាប់

injury

ការរងរបួស

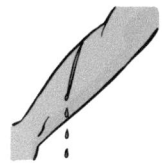

bleeding

ការហូរឈាម

heart attack

គាំងបេះដូង

stroke

ដុំឈាមដាច់សរសៃឈាមក្នុង
ក្បាល

allergy

អាលែកហ្ស៊ី

cough

ក្អក

fever

ជំងឺគ្រុន

flu

ជំងឺផ្ដាសាយ

diarrhea

ជំងឺរាគ្រុស

headache

ឈឺក្បាល

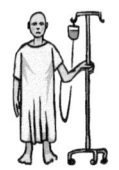

cancer

ជំងឺមហារីក

diabetes

ជំងឺទឹកនោមផ្អែម

surgeon

គ្រូពេទ្យវះកាត់

scalpel

កាំបិតវះកាត់

operation

បុរតិបត្ដិការ

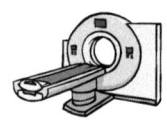

CT

CT

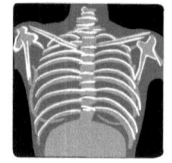

x-ray

កាំរស្មីអ៊ិច

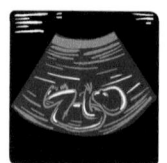

ultrasound

អេកូ

face mask

របាំងមុខ

disease

ជំងឺ

waiting room

វង់ចាំបន្ទប់

crutch

ឈរើច្រត់

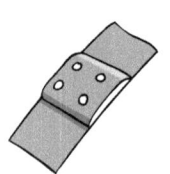

plaster

មុនាងសិលា

bandage

បង់រុំ

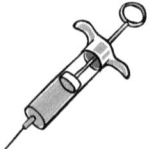

injection

ការចាក់ថ្នាំ

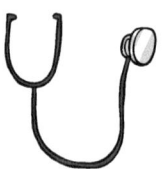

stethoscope

ស្ទដស្កុប

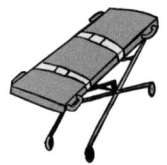

stretcher

ស្នូនដែងប្ពស

clinical thermometer

ទែម៉ូម៉ែត្រកុយាបាល

birth

កំណើត

overweight

លរើសទមុងន់

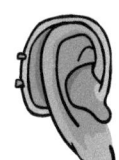

hearing aid

ឧបករណ៍ជំនួយការស្ដាប់

disinfectant

សារធាតុសម្លាប់មេរោគ

infection

ការឆ្លងមេរោគ

virus

មេរោគ

HIV / AIDS

មេរោគអេដស៍ / ជំងឺអេដស៍

medicine

ថ្នាំពទ្យ

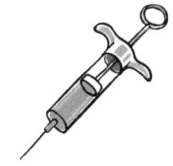

vaccination

ការចាក់ថ្នាំបង្ការ

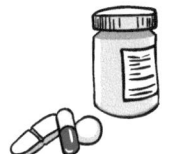

tablets

ថ្បេលិត

pill

ថ្នាំគ្រាប់

emergency call

ការហៅពេលអាសន្ន

blood pressure monitor

ឧបករណ៍ពិនិត្យសម្ពាធ
ឈាម

ill / healthy

ឈឺ / មានសុខភាពល្អ

Help!
ជំនួយ!

alarm
សំឡេងរោទ៍

assault
ការវាយលុក

attack
ការវាយប្រហារ

danger
គ្រោះថ្នាក់

emergency exit
ច្រកចេញគ្រោះអាសន្ន

Fire!
អគ្គីភ័យ!

fire extinguisher
បំពង់ពន្លត់អគ្គិភ័យ

accident
គ្រោះថ្នាក់

first-aid kit
ឧបករណ៍ជំនួយបឋម

SOS
SOS

police
ប៉ូលិស

Europe

អឺរុប

North America

អាមេរិកខាងជើង

South America

អាមេរិកខាងត្បូង

Africa

អាហ្វ្រិក

Asia

អាស៊ី

Australia

អូស្ត្រាលី

Atlantic

អាត្លង់ទិច

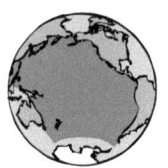

Pacific

ប៉ាស៊ីហ្វិក

Indian Ocean

មហាសមុទ្រឥណ្ឌា

Antarctic Ocean

មហាសមុទ្រអង់តាក់ទិច

Arctic Ocean

មហាសមុទ្រអាកទិច

North pole

ប៉ូលខាងជើង

South pole

ប៉ូលខាងត្បូង

Antarctica

អង់តាក់ទិក

earth

ផែនដី

land

ដីគោក

sea

សមុទ្រ

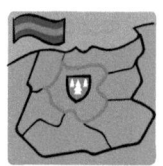

island

កោះ

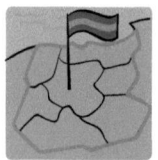

nation

បុរទេសជាតិ

state

រដ្ឋ

earth - ផែនដី

clock face

មុខនាឡិកា

hour hand

ទ្រនិចម៉ោង

minute hand

ទ្រនិចនាទី

second hand

ទ្រនិចវិនាទី

What time is it?

ម៉ោងប៉ុន្មាន?

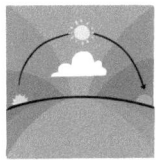

day

ថ្ងៃ

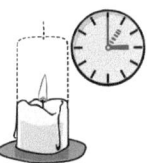

time

ពេលវេលា

now

ឥឡូវនេះ

digital watch

នាឡិកាឌីជីថល

minute

នាទី

hour

ម៉ោង

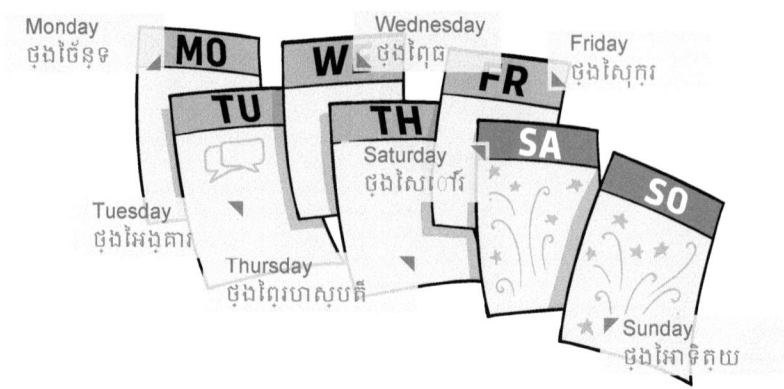

Monday
ថ្ងៃចន្ទ

Wednesday
ថ្ងៃពុធ

Friday
ថ្ងៃសុក្រ

Tuesday
ថ្ងៃអង្គារ

Saturday
ថ្ងៃសៅរ៍

Thursday
ថ្ងៃព្រហស្បតិ៍

Sunday
ថ្ងៃអាទិត្យ

yesterday
ម្សិលមិញ

today
ថ្ងៃនេះ

tomorrow
ថ្ងៃស្អែក

morning
ពេលព្រឹក

noon
ថ្ងៃត្រង់

evening
ល្ងាច

workdays
ថ្ងៃធ្វើការ

weekend
ចុងសប្តាហ៍

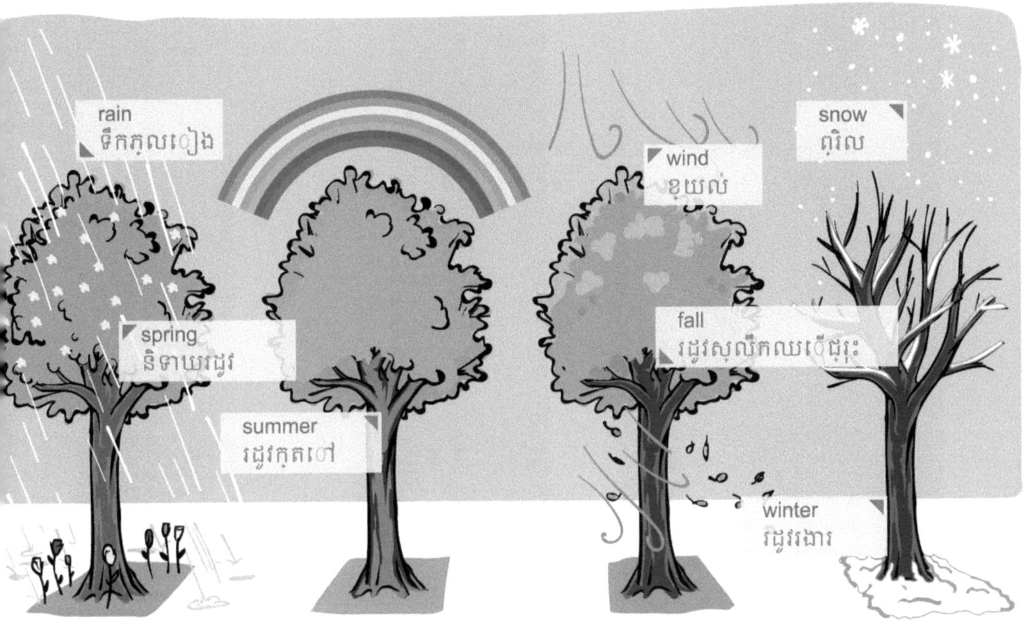

rain
ទឹកភ្លៀងរៀង

wind
ខ្យល់

snow
ព្រិល

spring
និទាឃរដូវ

fall
រដូវស្លឹកឈើជ្រុះ

summer
រដូវក្តៅ

winter
រដូវរងារ

weather forecast

ការព្យាករណ៍អាកាសធាតុ

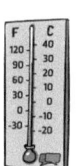

thermometer

ទែម៉ូម៉ែត្រ

sunshine

ពន្លឺថ្ងៃ

cloud

ពពក

fog

អ័ព្ទ

humidity

សំណើម

lightning

រន្ទះ

thunder

ផ្គរ

storm

ព្យុះ

hail

ព្រិល

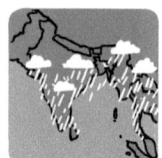

monsoon

ខ្យល់មូសុង

flood

ទឹកជំនន់

ice

ទឹកកក

January

ខែមករា

February

ខែកុម្ភៈ

March

ខែមីនា

April

ខែមេសា

May

ខែឧសភា

June

ខែមិថុនា

July

ខែកក្កដា

August

ខែសីហា

year - ឆ្នាំ

September

ខែកញ្ញា

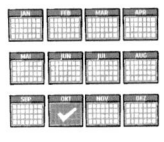

October

ខែតុលា

November

ខែវិច្ឆិកា

December

ខែធ្នូ

shapes
រាង

circle

រង្វង់

square

ការ៉េ

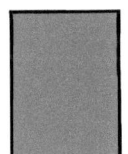

rectangle

ចតុកោណកែង

triangle

ត្រីកោណ

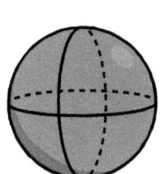

sphere

ស្វ៊ែរ

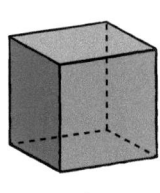

cube

គូប

white

ពណ៌ស

yellow

ពណ៌លឿង

orange

ពណ៌ទឹកក្រូច

pink

ពណ៌ផ្កាឈូក

red

ពណ៌ក្រហម

purple

ពណ៌ស្វាយ

blue

ពណ៌ខៀវ

green

ពណ៌បៃតង

brown

ពណ៌ទឹកក្រូច

gray

ពណ៌ប្ររផេះ

black

ពណ៌ខ្មៅ

a lot / a little

ច្រើន / តិចតួច

angry / calm

ខឹង / គុរជាក់ចិត្តត

beautiful / ugly

សុរស់សុអាត / អាក្រក់

beginning / end

ចាប់ផ្តើម / បញ្ចប់

big / small

ធំ / តូច

bright / dark

ភ្លឺ / ងងឹត

brother / sister

បងប្អូនប្រុស / បងប្អូនស្រី

clean / dirty

សុអាត / កខ្វក់

complete / incomplete

ពេញលេញ / មិនពេញលេញ

day / night

ថ្ងៃ / យប់

dead / alive

ស្លាប់ / នៅរស់

wide / narrow

ធំទូលាយ / តូចចង្អៀត

edible / inedible

អាចបរិភោគបាន /
មិនអាចបរិភោគបាន

evil / kind

ចិត្តអាក្រក់ / ចិត្តល្អ

excited / bored

ការរំភើប / អផ្សុក

fat / thin

ធាត់ / ស្គម

first / last

ដំបូង / ចុងក្រោយ

friend / enemy

មិត្តភក្តិ / សត្រូវ

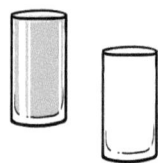

full / empty

ពេញ / ទទេ

hard / soft

រឹង / ទន់

heavy / light

ធ្ងន់ / ស្រាល

hunger / thirst

ភាពអត់ឃ្លាន /
ការស្រេកឃ្លាន

ill / healthy

ឈឺ / មានសុខភាពល្អ

illegal / legal

ខុសច្បាប់ / ត្រូវច្បាប់

intelligent / stupid

ឆ្លាតវៃ / ឆ្កួត

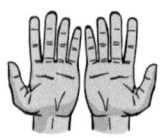

left / right

ឆ្វេង / ស្តាំ

near / far

ជិត / ឆ្ងាយ

new / used

ថ្មី / ហានបុរេទី

nothing / something

គ្មានអ្វីសោះ / អ្វីមួយ

old / young

ចាស់ / ក្មេង

on / off

បើក / បិទ

open / closed

បើក / បិទ

quiet / loud

ស្ងប់ស្ងាត់ / ឮខ្លាំង

rich / poor

មាន / ក្រ

right / wrong

ត្រូវ / ខុស

rough / smooth

គ្រើម / រលោង

sad / happy

វិហកចិត្ត / សប្បាយចិត្ត

short / long

ខ្លី / វែង

slow / fast

យឺត / លឿន

wet / dry

សើម / ស្ងួត

warm / cool

កក់ៅ / ត្រជាក់

war / peace

សង្គ្រាម / សន្តិភាព

0

zero

ស្ូន្យ

1

one

មួយ

2

two

ពីរ

3

three

បី

4

four

បួន

5

five

ប្រាំ

6

six

ប្រាំមួយ

7

seven

ប្រាំពីរ

8

eight

ប្រាំបី

9

nine

ប្រាំបួន

10

ten

ដប់

11

eleven

ដប់មួយ

12

twelve
ដប់ពីរ

13

thirteen
ដប់បី

14

fourteen
ដប់បួន

15

fifteen
ដប់ប្រាំ

16

sixteen
ដប់ប្រាំមួយ

17

seventeen
ដប់ប្រាំពីរ

18

eighteen
ដប់ប្រាំបី

19

nineteen
ដប់ប្រាំបួន

20

twenty
ម្ភៃ

100

hundred
រយ

1.000

thousand
ពាន់

1.000.000

million
លាន

English
អង់គ្លេស

American English
អង់គ្លេសអាមេរិក

Chinese Mandarin
ចិនកុកង៉ឺ

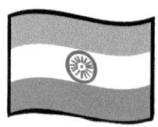

Hindi
ហិណ្ឌូ

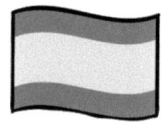

Spanish
អេស្ប៉ាញ

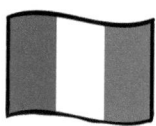

French
ហ្វាំង

Arabic
អារ៉ាប់

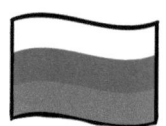

Russian
រុស្ស៊ី

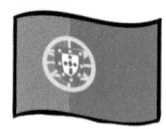

Portuguese
ព័រទុយហ្គាល់

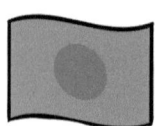

Bengali
បង់ក្លាដេស

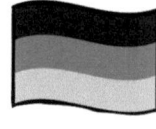

German
អាល្លឺម៉ង់

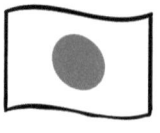

Japanese
ជប៉ុន

I

ខ្ញុំ

you

អ្នក

he / she / it

គាត់ / នាង / វា

we

យេើង

you

អ្នក

they

ពួកគេហាន

who?

នរណា?

what?

អ្វី?

how?

របៀបណា?

where?

កន្លែងណា?

when?

ពេលណា?

name

ឈ្មោះ

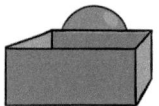

behind

ព័ក្រោយ

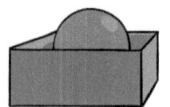

in

ក្នុង

in front of

ព័មុខ

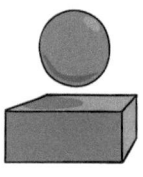

over

ពីលើ

on

នៅលើ

under

នៅក្រោម

beside

នៅក្បែរ

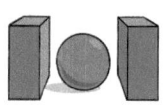

between

រវាង

place

កន្លែង